1430 W. Susquehanna Ave
Philadelphia, PA 19121
215-236-1760 I treehousebooks.org

ANDRÉS BELLO

RESUMEN DE LA HISTORIA DE VENEZUELA

BARCELONA **2014**
WWW.LINKGUA-DIGITAL.COM

CRÉDITOS

Título original: Resumen de la historia de Venezuela.

© 2014, Red ediciones S.L.

e-mail: info@red-ediciones.com

Diseño de cubierta: Mario Eskenazi.

ISBN rústica: 978-84-9816-051-2.
ISBN ebook: 978-84-9953-439-8.

El diseño de este libro se inspira en *Die neue Typographie*, de Jan Tschichold, que ha marcado un hito en la edición moderna.

SUMARIO

PRESENTACIÓN

La vida

Andrés Bello (1781-1865). Venezuela.

Nació en Caracas, Venezuela, el 29 de noviembre de 1781. Era hijo de Bartolomé Bello y Ana Antonia López.

Ingresó en el Seminario de Santa Rosa de Caracas en 1796 y terminó sus estudios en 1800, con el título de bachiller en artes. Estos estudios le dieron un excelente dominio del latín y del castellano y despertaron su interés por la filosofía, la ciencia y las letras. Aprendió, además, inglés y francés.

Por ese tiempo inició también sus trabajos de investigación lingüística y filológica y terminó la primera versión de su Análisis ideológico de los tiempos de la conjugación castellana, publicado en 1841 en Valparaíso.

En 1802 fue nombrado oficial segundo de la gobernación de Venezuela, alcanzando el puesto de oficial mayor en 1810. En junio de ese año participó en una mision enviada ante el gobierno británico, integrada también por Bolívar y Luis López Méndez.

Entre 1812 y 1822 trabajó en Londres transcribiendo los manuscritos de Jeremy Bentham, y ofreciendo clases de francés y español. También fue institutor de los hijos de William Richard Hamilton, subsecretario británico de Relaciones Exteriores.

En mayo de 1814, se casó con Mary Ann Boyland, de veinte años, quien le dio tres hijos y murió el 9 de mayo de 1821. Bello se casó entonces con Elizabeth Antonia Dunn, también de veinte años y tuvo con ella doce hijos.

En 1829 Bello se estableció con su familia en Chile y ese mismo año fue nombrado oficial mayor del Ministerio de Hacienda. No ejerció en ese ministerio, sino en el de Relaciones Exteriores.

En 1837 fue elegido senador de la República de Chile, ocupando ese cargo hasta 1864.

Y en 1842 fue designado rector de la Universidad de Chile, puesto que ocupó hasta su muerte el 15 de octubre de 1865.

La historia

Resumen de la historia de Venezuela es un breve pero minucioso relato de la historia colonial de ese país en el que se analiza la conquista y la política venezolanas con objetividad sorprendente.

RESUMEN DE LA HISTORIA DE VENEZUELA

Colón, infatigable en favor de la España, volvía por la tercera vez a América con designio de llegar hasta el Ecuador; pero las calmas y las corrientes le empeñaron entre la isla de Trinidad y la Costa Firme, y desembocando por las bocas de Drago descubrió toda la parte que hay donde este pequeño estrecho hasta la punta de Araya, y tuvo la gloria de ser el primer europeo que pisó el continente americano, que no lleva su nombre por una de aquellas vergonzosas condescendencias con que la indolente posteridad ha dejado confundir el mérito de la mayor parte de los hombres que la han engrandecido. Las ventajosas relaciones que Colón hizo en la Corte del país que hoy forma la provincia de Venezuela excitaron la codicia de Américo Vespucio, que se unió a Alonso de Ojeda, comisionado por el Gobierno para continuar los descubrimientos de Colón en esta parte de la América. La moderación española fue víctima de las ventajas que ofrecían los conocimientos geográficos de Vespucio a la locuacidad italiana, y Ojeda y Colón tuvieron que ceder a la impostura de Américo la gloria de dar su nombre al Nuevo Mundo, a pesar de los esfuerzos que ha hecho la historia para restituir este honor a su legítimo dueño.

A la expedición de Ojeda se siguió casi al mismo tiempo otra, al mando de Cristóbal Guerra, que reconoció en su derrota la costa de Paria, las islas de Margarita y Cubagua, Cumanagoto (hoy Barcelona) y llegó hasta Coro, desde donde tuvo que volverse a España para poner a cubierto de la ferocidad de los naturales de aquel país las perlas que había venido a buscar y que eran la única producción que atraía entonces a los españoles a este punto del continente americano. Despertose la codicia con la fortuna de Guerra y de casi todos los puertos de la Península se aprestaron expediciones para la Nueva Andalucía, que así llamó Ojeda a toda la parte oriental de la costa. Apenas se supieron en la isla de Santo Domingo las relaciones del continente con España, se apresuró el celo apostólico de algunos religiosos a esparcir la semilla evangélica en los nuevos países; pero los excesos de la avaricia sublevaron de tal modo a los naturales que después de sacrificar los misioneros a su venganza, acabaron con un establecimiento que Gonzalo de Ocampo, enviado por la Audiencia de Santo Domingo para conservar el orden, había planteado en el sitio que hoy ocupa Cumaná y que él llamó Toledo. Este desgraciado acaecimiento hizo que la Audiencia enviase de nuevo en 1523 a Jaime Castellón, que con su humanidad y dulzura logró restablecer lo perdido, concluir la fundación de la ciudad de Cumaná y asegurar la buena inteligencia en toda la parte oriental de la costa.

En la occidental era igualmente necesario el freno de la autoridad para desvanecer las funestas impresiones que contra la dominación española empezaban a recibir los naturales de la conducta de aquellos aventureros. Juan de Ampues obtuvo de la Audiencia de Santo Domingo esta comisión, y la desempeñó de un modo capaz de honrar la elección de aquel Tribunal. La confianza recíproca fue el primer efecto de su misión: un tratado solemne estableció la alianza del cacique de la nación coriana con la española: siguiose a esto el juramento de fidelidad y vasallaje, que proporcionó a Ampues el permiso para echar los cimientos a la ciudad de Coro ayudado por los mismos vasallos del cacique. Estos sucesos prometían a la provincia de Venezuela todas las ventajas de que es capaz un Gobierno tan interesado en la conservación del orden. Mas las circunstancias políticas no dejaban a sus benéficos cuidados toda la influencia que necesitaban los interesantes dominios que acababa de adquirir; y si se vio en la necesidad de enajenarlos provisionalmente de su soberanía también supo escudarlos con ella e indemnizarlos profusamente con sus sabias disposiciones, luego que cesaron las funestas causas, que embarazaban sus filantrópicos designios.

El espíritu de conquista había obligado a Carlos V, que ocupaba el trono de España, a contraer considerables empeños de dinero con los Welsers o Belzares, comerciantes de Augsburgo, y éstos, por vía de indemnización, consiguieron un feudo en la provincia de Venezuela, desde el cabo de la Vela hasta Maracapana, con lo que pudiesen descubrir al Sur de lo interior del país. Ambrosio de Alfinger y Sailler, su segundo, fueron los primeros factores de los Welsers, y su conducta la que debía esperarse de unos extranjeros que no creían conservar su tiránica propiedad un momento después de la muerte del emperador. Su interés era sacar partido del país, como le encontraron, sin aventurar en especulaciones agrícolas unos fondos cuyos productos temían ellos no llegar a gozar jamás, ni cuidarse de que la devastación, el pillaje y el

10

exterminio que señalaba todos sus pasos recayese injustamente sobre España, que debía recobrar con el oprobio aquel asolado país. La única providencia política que dio Alfinger en la provincia de Venezuela, y que no llevó el sello de su carácter, fue la institución de su primer Ayuntamiento, en la ciudad de Coro, que había ya fundado Ampues, y como Juan Cuaresma de Melo tenía de antemano la gracia del emperador para un Regimiento perpetuo en la primera ciudad que se poblase: le dio Alfinger la posesión de Coro, con Gonzalo de los Ríos Virgilio García y Martín de Arteaga, que eligieron por primeros alcaldes a Sancho Briceño y Esteban Mateos. La naturaleza ultrajada por Alfinger oponía a cada paso obstáculos a sus depredaciones, y la humanidad oprimida triunfó al fin de su verdugo y su tirano, que murió asesinado por los indios en 1531, cerca de Pamplona, en un valle que conserva aún el nombre de Misser Ambrosio para execración de su memoria. El derecho de opresión recayó por muerte de Alfinger en Juan Alemán, nombrado de antemano por los Welsers para sucederle, y que hubiera merecido el agradecimiento de la posteridad de Venezuela si hubiese hecho guardar a sus compañeros la moderación que distinguía su carácter. Sucediole en 1533 Jorge Spira, nombrado por los Welsers, con cuatro cientos hombres entre españoles y canarios que, unidos a los que vinieron con Alfinger se dividieron en tres trozos, con orden de que después de asolar por todas partes el país se reuniesen en Coro con los despojos de una expedición que hubiera podido llamarse heroica si hubiese tenido otro objeto. Cinco años duró el viaje de Spira, al cabo de los cuales volvió a Coro con solo ochenta hombres de los 400 que le acompañaron, y murió en 1540 sin dejar de sus trabajos otra utilidad que las primeras noticias de la existencia del Lago Parime o El Dorado, para repetir nuevas empresas a costa de la humanidad.

Desde el año de 1533 había sido elevado Coro al rango de obispado, cuya silla ocupaba don Rodrigo Bastidas, que fue nombrado provisionalmente gobernador de Venezuela por la Audiencia de Santo Domingo, mientras la Corte proveía la vacante de Spira. Tenla este prelado por lugarteniente de su autoridad civil a Felipe Urre, pariente en todo de los Welsers y por agente de sus empresas a Pedro Limpias, capaz de serlo de Alfinger. El descubrimiento del Dorado era la manía favorita de los españoles en la Costa Firme, y los dos comisionados del obispo gobernador partieron por diferentes puntos a renovar en busca de este tesoro las vejaciones de los factores alemanes. Limpias tardó poco en enemistarse con Urre, y unido a un tal Carvajal, que había suplantado un nombramiento de la Audiencia a su favor, asesinaron a Urre cuando volvía a Coro después de cuatro años de trabajos propios y calamidades ajenas, sin haber hecho a la provincia otro beneficio que el de la fundación de Tocuyo hecha por Carvajal con los veinticinco compañeros que tenía de su partido, de los cuales formó el segundo Ayuntamiento de Venezuela en 1545. Tal fue la suerte del hermoso país que habitamos en los dieciocho años que estuvo a discreción de los arrendatarios de Carlos V; hasta que, instruido el emperador de lo funesto que había sido a sus vasallos aquel contrato, volvió a ponerlos bajo su soberanía nombrándoles por primer gobernador y capitán general al licenciado Juan Pérez de Tolosa.

Con esta providencia volvieron a aprestarse en España expediciones para la parte occidental de la Costa Firme como las que frecuentaban desde el principio la parte oriental, que no correspondía al feudo de los Welsers. Mas en todas partes habían dejado éstos tal opinión de su conducta, que ni la persuasión evangélica ni el cebo de las brujerías españolas pudieron mantener la buena correspondencia con los indios, ganarles un palmo de terreno sin una batalla ni fundar un pueblo sin haberlo abandonado muchas veces; de modo que la provincia debió exclusivamente a las armas su población y la prerrogativa de que las bendiga el Santísimo Sacramento cuando se las rinden. La gobernación de Caracas no se extendía entonces hasta la Nueva Andalucía, que desde Maracapana hasta Barcelona era gobernada con independencia. La conquista y población de esta parte de la provincia de Venezuela estuvo cometida desde 1530 a varios españoles, que obtenían en este punto de la América, teatro por muchos años de las más sangrientas disensiones civiles entre los españoles, y de la más obstinada resistencia por los naturales, sin haber podido conseguirse otro establecimiento, que el que bajo el nombre de Santiago de los Caballeros planteó y tuvo que abandonar en 1552 Diego de Cerpa, asesinado después con su sucesor Juan Ponce por los indios cumanagotos.

No tenían mejor suerte las empresas de los españoles en lo interior de la gobernación de Venezuela. El licenciado Tolosa había dejado el gobierno a Juan de Villegas mientras él pasaba al de Cumaná con una comisión de la Audiencia de Santo Domingo, en cuyo viaje murió, quedando Villegas encargado interinamente del mando. Luego que entró en posesión de él, comisionó a su veedor Pedro Álvarez para que concluyese el establecimiento de la ciudad de la Borburata, que él había comenzado el año anterior por encargo de Tolosa, y que las continuas excursiones de los filibusteros hicieron abandonar a los pocos años. Deseoso al mismo tiempo Villegas de descubrir algunas minas para animar el desaliento que notaba en su gente, despachó a Damián del Barrio al valle de Nirgua con algunos de los suyos, que, habiendo descubierto una veta de oro a las orillas del río Buria, formaron un pequeño establecimiento, que es de creer diese origen a la ciudad de San Felipe. Viendo Villegas que el trabajo de las minas atraía mucha gente a sus inmediaciones, concibió el designio de edificar una ciudad en el valle de Barquisimeto en honor de Segovia, su patria. Después de mil encuentros con los indios girajaras que habitaban aquel valle, logró plantear en 1552 la ciudad de Barquisimeto o Nueva Segovia; pero los indios se vengaron bien pronto del buen suceso que tuvo Villegas en su establecimiento haciendo que quedasen abandonadas hasta ahora las minas de San Felipe y que tuviese que trasladarse la ciudad de Barquisimeto del lugar de su primitivo asiento al que ocupa actualmente.

Igual suerte corrió la ciudad de Nirgua, que bajo el nombre de las Palmas fundó en 1554 Diego de Montes por disposición del licenciado Villacinda, enviado por la Corte para suceder a Tolosa. Dos veces tuvo que mudar de sitio para evitar las excursiones de los girajaras sin haber podido lograr tranquilidad hasta la entera reducción de estos indios. Los descalabros que habían sufrido los españoles en las minas de San Felipe reclamaban una pronta indemnización y Villacinda trató de buscarla en un nuevo establecimiento que les asegurase de la desconfiada inquietud de los indios y que les compensase en adelante los perjuicios que acababan de sufrir. Sus miras se dirigieron desde luego a la laguna Tacarigua, que había descubierto Pedro Álvarez en su expedición a la Borburata y que, además de la fertilidad de sus orillas, prometía por su posición más facilidad para la conquista del país de los caracas, cuya fama entraba desde mucho tiempo en los cálculos de los españoles. Nombrose por cabo de la empresa a Alonso Díaz Moreno, vecino de la Borburata, que después de mil debates con los tacariguas pudo hacerse dueño del país y tratar de dar cumplimiento al encargo que se le había confiado. Aunque arreglado a él debía poblar en las orillas del lago, el conocimiento práctico de su insalubridad le hizo infringir las órdenes que traía, en beneficio de la salud pública, eligiendo para fundar la ciudad de la Nueva Valencia del Rey la hermosa, fértil y saludable llanura en que se halla actualmente, desde el año 1555, en que Alonso Díaz puso sus primeros cimientos.

Entre los españoles que formaban proyectos sobre el valle de Maya, en que habitaban los caracas, ninguno podía realizarlos mejor que Francisco Fajardo, que tenía a su favor todo lo necesario para sacar partido de un país perteneciente a una multitud de naciones reunidas para mantener su independencia, y cuyo denuedo había retardado tal vez su reducción. Era Fajardo hijo de un caraca y casado con una nieta del cacique Charayma, jefe de estos indios, que hacían parte muy considerable de la población del valle de Maya. A las ventajas del parentesco unía Fajardo las del idioma, como que poseía cuantos dialectos se hablaban en el país de donde era originaria su mujer y donde había nacido su madre. A favor de estas circunstancias se resolvió Fajardo a probar fortuna en el valle de Maya, para ver si eran asequibles los designios que tenía el agregarlo a la dominación española. Con tres criollos de la Margarita y once vasallos de su madre se embarcó en una canoa y, siguiendo las costas, desembarcó en Chuspa, donde fue tan bien recibido durante su mansión; como sentido de los naturales a su partida. Tan agradables fueron las noticias que Fajardo dio a su madre de la buena acogida que le habían hecho los caciques sus parientes, principalmente su tío Nayguatá, que la decidieron a acompañar a su hijo en la segunda expedición que proyectaba, y reuniendo todos sus parientes, sus vasallos y cuanto pudieron producirle sus cortos bienes, se embarcó con todo en el puerto de Píritu y arribó en 1557 cerca de Chuspa, en la ensenada del valle del Panecillo. La cordialidad que inspira la patria, la sangre y el idioma distinguió los primeros días de la llegada de la familia de Fajardo, y los parientes y paisanos de su madre le cedieron de común acuerdo la posesión del valle del Panecillo, en prueba de lo grata que les era su venida.

Menos que esto había menester Fajardo, aunque no perdió un momento en poner por obra la empresa que tenía premeditada. Apenas obtuvo licencia del gobernador Gutiérrez de la Peña para poblar en el valle de Maya, empezó a tratar de esto con los indios y a hacerse sospechoso para ellos; a la sospecha se siguió la enemistad y a la enemistad la resistencia. Los indios no perdonaron ninguno de los medios que estaban a su alcance para oponerse a los designios de los españoles: tomaron las armas, envenenaron las aguas, cortaron los víveres, y Fajardo, después de haber perdido a su madre en estas turbulencias, tuvo que darse por bien servido de haber podido ganar en el silencio de la noche la playa y volver a embarcar con los suyos para la Margarita.

Poco después de la fundación de Valencia falleció Villacinda en Barquisimeto, quedando los alcaldes, por una prerrogativa anexa entonces a su representación, encargados interinamente del mando de sus respectivas jurisdicciones. El deseo de señalar la época de su interinidad con algún establecimiento útil al país les hizo pensar en la reducción de los cuícas, que, según las relaciones de Diego Ruiz Vallejo, habitaban el fértil país que desde Carora corre Norte Sur, hasta las Sierras de Mérida. Diego García de Paredes fue encargado de esta empresa, y habiendo salido del Tocuyo con setenta infantes, doce caballos y buen número de indios yanaconas, atravesó todo el país de los cuícas, que con su afable carácter le permitieron elegir terreno a su gusto para establecerse. El sitio de Escuque, sobre las riberas del río Motatán, fue el que pareció mejor a Paredes para echar en 1556 los cimientos a una población, que llamó Trujillo, en obsequio de su patria, en Extremadura, y que hubiera tardado poco en llegar al rango de ciudad si los indios, exasperados con la conducta que observaron los españoles en una corta ausencia que tuvo que hacer Paredes no hubieran interrumpido por una parte sus progresos; y no hubiese, por otra, impedido a éste de continuarlos la violencia con que Gutiérrez de la Peña lo tuvo despojado de aquella conquista mientras gobernó la provincia por comisión de la Audiencia de Santo Domingo. Francisco Ruiz fue nombrado para suceder a Paredes, que tuvo el disgusto de ver agregarse al partido de su usurpador muchos de los que le habían acompañado en su primera expedición; con ellos tomó Ruiz la vuelta de los cuícas y llegó hasta el valle de Boconó, donde se detuvo a proveerse de lo necesario para su empresa. A pocos pasos de ella se encontró con Juan Maldonado, que había salido con igual designio de Mérida, ciudad que acababa de poblar en 1558 Juan Rodríguez Suárez al pie de las Sierras Nevadas bajo la advocación de Santiago de los Caballeros; y que el mismo Maldonado había trasladado a mejor temperamento en el valle que ocupa actualmente, circunvalada de los ríos Chama, Mucujun y Albarregas. Las disputas suscitadas entre Ruiz y Maldonado produjeron la reedificación de Trujillo, que Ruiz promovió en despique de su adversario; bien que para usurpar con la propiedad la gloria a su primitivo fundador, le mudó el nombre en el de Miravel, que conservó hasta que habiendo venido Pablo Collado de la Corte a suceder a Villacinda en el Gobierno, reintegró a Paredes en sus derechos y lo puso en estado de restituir a la ciudad su primitivo nombre y de proseguir en su adelantamiento. Por la mediación de algunos sujetos respetables de ambos partidos se terminaron amistosamente las desavenencias que había entre Ruiz y Maldonado, quedando desde entonces determinada la jurisdicción de la Audiencia de Santa Fe y la que correspondía en Venezuela a la de Santo Domingo, cuyos límites quedaron fijados en el país de los timotes que, reconocido también por Maldonado como término de su conquista, se volvió a Mérida, y Ruiz se quedó en Miravel con el dominio de los cuícas. No sucedió así a Paredes, que, contrariado siempre en sus designios, tuvo que sufrir de nuevo con Collado los mismos disturbios que con Gutiérrez de la Peña, hasta que, renunciando de aburrido a sus proyectos, se retiró a Mérida; y Trujillo, abandonada de su fundador, devorada por la discordia de sus vecinos y acosada de los insectos, los pantanos y las tempestades, anduvo vagando convertida en ciudad portátil, hasta que en 1570 pudo fijarse en el sitio que ocupa actualmente. Pocas ciudades de América pueden gloriarse de haber hecho tan rápidos progresos como los que hizo Trujillo en el primer siglo de su establecimiento. El espíritu de rivalidad de sus primitivos habitantes se mudó con el suelo en una industriosa actividad, que prometía a Trujillo todas las ventajas de la aplicación de sus actuales vecinos; pero las incursiones del filibustero Grammont, asolando su territorio, sofocando el germen de su prosperidad, dejando en las ruinas de sus edificios motivos para inferir por su pasada grandeza lo que hubiera llegado a ser en nuestros días.

Las esperanzas que el valle de Maya había hecho concebir a Fajardo eran muy lisonjeras para que los riesgos pasados, los obstáculos presentes y los inconvenientes futuros pudiesen trastornar sus proyectos; constante en ellos y animado con la buena inteligencia que conservó siempre con él Guaymaquare, uno de aquellos caciques, volvió a salir por tercera vez de la Margarita en 1560, y para evitar nuevos debates se dejó correr más a sotavento y desembarcó en Chuao, donde habiendo sido bien recibido de su amigo Guaymaquare le dio cuenta del designio que traía de reconocer todo el país que había de allí al valle de Maya. Bien quisiera Guaymaquare apartarlo de un proyecto en que él solo conocía las dificultades; pero la confianza de Fajardo triunfó de las reconvenciones del cacique y emprendió su marcha sin dificultad hasta Valencia, desde donde habiendo solicitado y obtenido permiso del gobernador Pablo Collado para entender en la conquista de los caracas, y reunidos treinta hombres a los once compañeros de su temeridad continuó su derrota para los valles de Aragua, más bien como amigo que como conquistador. Al llegar a los altos de las Lagunetas tuvo que valerse de su maña para entrar en convenio con los indios teques, arbacos y taramaynas, dispuestos a disputarle el paso. Después de mil debates pudo ajustar con ellos una alianza que le proporcionó llegar hasta el valle de San Pedro; pero al bajar la loma de las Cocuisas le salió al encuentro el cacique Teperayma, a quien ganó con el presente de una vaca de las que traía consigo y consiguió llegar a las orillas del río Guayre, de quien tomaba el nombre aquella parte del valle de Maya, llamada desde entonces por Fajardo de San Francisco en honor de su patrono. La poca seguridad que le prometían los naturales del Guayre le obligó a volverse a la costa para reunirse con los suyos, que habían quedado con Guaymaquare, con los cuales, después de fundar en la ensenada de Caravalleda una población bajo el nombre del Collado, volvió reforzado al valle de San Francisco en busca de unas minas que tenía noticia había en su territorio.

El hallazgo de una veta de oro fue más bien el origen de las desgracias que la recompensa de los trabajos de Fajardo. Todos los vecinos del Tocuyo se conspiraron contra él, con tal encono, que consiguieron que el gobernador Collado lo privase de entender en el beneficio de la mina y que enviase a Pedro de Miranda y a Luis de Seijas para que le sucediesen y enviasen preso a la Borburata. Ni estos comisionados, ni Juan Rodríguez Suárez, enviado después por Collado para informarse del rendimiento y calidad de los metales, pudieron conservar la mina de las continuas correrías de los indios mariches, teques y taramaynas, que habitaban todo el país que bajo de estos nombres fertilizaban los ríos Tuy y Guayre, y que hicieron a los españoles abandonar aquel establecimiento sin otro fruto que haber fundado bajo la advocación de San Francisco un mezquino pueblo, que no merece otra memoria que la de haber estado situado en el mismo sitio en que se halla actualmente Caracas. Aunque Fajardo logró vindicar sus derechos no pudo volver a pensar en sus proyectos sobre el valle de San Francisco, porque su presencia era necesaria en el Collado para contener las atrocidades que cometía en todas las poblaciones de la gobernación de Venezuela el facineroso Lope de Aguirre, a quien la historia da impropiamente el epíteto de tirano. Este monstruo, vomitado de las turbulencias del Perú, había bajado por el río Marañón con otros satélites y después de asolar la Margarita, pasó a la Borburata, y desde allí a Barquisimeto, señalando todos sus pasos con el exterminio y la desolación; hasta que al fin murió en esta ciudad a manos de aquel Paredes que había fundado a Trujillo, acreditando en sus últimos momentos la ferocidad que había distinguido todos los de su vida. Hallábanse muy debilitados los españoles con la persecución de Aguirre, y Fajardo lo estaba más que nadie en Caravalleda; de modo que tuvo que volverse a la Margarita para librarse del riesgo en que le tenía continuamente la obstinada resistencia de Guaycapuro, jefe de aquellos indios. Dejando a su devoción a Guaymacuto, cacique de las cercanías de Caravalleda, y comprometidos a sus compañeros en volver con él a la conquista de los caracas, abandonó Fajardo la costa; pero no los designios que tenía de establecerse en el valle de Maya. Aprestada en la Margarita, el año de 1564, la tercera expedición, determinó desembarcar con ella en el río de Bordones inmediato a Cumaná para evitar nuevos encuentros con los indios de Caravalleda. Gobernaba a la sazón aquella ciudad y su jurisdicción Alonso Cobos, enemigo declarado de Fajardo, que apenas supo su venida le convidó a que viniese a verle, y luego que le tuvo asegurado en su casa le hizo ahorcar en el cepo en que estaba preso, ayudando Cobos con sus manos a consumar esta horrible perfidia, para que su memoria fuese tan detestable a la posteridad, como sensible la suerte del intrépido Fajardo.

Las ventajas que prometía el país de los caracas habían llegado a la Corte, tal vez por las relaciones de Sancho Briceño, diputado de la provincia de Venezuela para establecer la forma de gobierno más conforme al estado de su población; pues que viendo venido a gobernarla don Pedro Ponce de León se le dio especial encargo de que concluyese la reducción del valle de Maya. El honor de fundar en él la capital que los heroicos trabajos de su conquista prometían a Fajardo, estaba reservado a Diego Losada, a quien confirmó Ponce el nombramiento que le había dado su antecesor para entender en la reducción de los caracas. Ofreciose a acompañarle Juan de Salas, su íntimo amigo, con cien indios guayqueríes, que tenía en la Margarita, y al mismo tiempo que salió Salas para buscarlos, partió Losada del Tocuyo en 1567 y llegó hasta Nirgua, desde donde, encargado el mando a Juan Maldonado con orden de que lo esperase en el valle de Guacara, se dirigió él a la Borburata en busca de Salas, cuya tardanza era ya perjudicial a su derrota. Después de esperarlo en vano quince días se volvió a incorporar con los suyos, que se hallaban ya en el valle de Mariara, donde se detuvo a pasar revista a su ejército, que según ella se componía de ciento cincuenta hombres, entre ellos veinte de a caballo, ochocientos indios auxiliares, doscientos bagajes y abundante provisión de ganado.

Con tan reducida fuerza, salió Losada de Mariara y llegó hasta la subida de Tepeyrama o loma de las Cocuisas, sin haber podido tomar lengua de ninguno de los naturales de aquellos valles, a quienes llamó del Miedo por el sospechoso abandono en que los encontró; mas apenas empezó a subir la cuesta oyó resonar los caracoles con que los indios tocaban la alarma por todas las montañas vecinas. Espantado con el estruendo, el ganado se esparció por todas partes, y mientras se empleaban los españoles en recogerle, cargaron sobre ellos los indios con tal denuedo que no se pudo sin haber hecho un gran estrago conseguir ahuyentarlos y llegar a los altos de la montaña para dar algún descanso a la gente. El hambre y la fatiga hizo a algunos salir del campamento a coger unas aves que se descubrían a poca distancia, puestas artificiosamente por los indios para atraer a los españoles a una emboscada. La defensa empeñó un combate, en que murió Francisco Márquez a manos de los indios en el sitio que conserva aún el nombre de Márquez por este desgraciado suceso. Cuatro leguas caminó Losada desde allí hasta la garganta de las Lagunetas, que funesta siempre a los españoles les preparaba riesgos más terribles por su combinación. Los indios arbacos, belicosos por carácter y arrojados por resentimiento, no perdonaron medio alguno para acabar con los españoles, y para conseguirlo después de acometer los unos la retaguardia de Losada, incendiaban los otros la montaña para envolver sin recurso a sus enemigos. Húbose menester toda la serenidad de Losada y toda la intrepidez de Diego Paradas para salir bien de aquel conflicto y ponerse en estado de vencer otro que les estaba prevenido de no menor consideración.

Aquella noche la pasó Losada acampado en el sitio llamado las Montañuelas, y al otro día se puso en movimiento para el valle de San Pedro. La rapidez de su marcha había ocultado su venida a la mayor parte de las naciones de su tránsito, de modo que hasta entonces solo había tenido que lidiar con los indios arbacos; mas al bajar al río de San Pedro se encontró con el porfiado Guaycapuro, que le presentó la batalla con más de ocho mil indios teques, tarmas y mariches, apostados en todos los desfiladeros de la montaña. Fueron los primeros movimientos de la sorpresa de Losada dirigidos a pedir consejo a sus capitanes, pero presentándole su intrepidez mayores riesgos en la dilación, y la disputa la dirimió desbaratando él mismo con la caballería la vanguardia de los bárbaros; su gran número y el conocimiento del terreno les permitió volver a reunirse y dejar dudoso el éxito de la acción; si Francisco Ponce, cortándoles por la retaguardia, y Losada acudiendo con su denuedo a animar a los que flaqueaban en el centro, no hubiesen hecho en ellos tal carnicería que los obligó a dejar franco el paso a costa de una completa derrota por su parte y de muy pequeña pérdida por la de los españoles. No quiso Losada descansar hasta verse seguro de Guaycapuro y sin la menor dilación siguió dos leguas a hacer alto con su gente en un pueblo que gobernaba el cacique Macarao, en el confluente de los ríos Guayre y San Pedro, cuyos habitantes temerosos de que les talase el ejército sus sementeras, lo recibieron con el mayor agasajo y les permitieron que descansasen toda aquella noche a su salvo de las pasadas fatigas. Al amanecer continuó Losada su marcha hacia el valle de San Francisco; pero, temeroso de nuevos encuentros, se apartó de los cañaverales que había en las orillas del Guayre y, tomando a la derecha por el territorio del cacique Cariquao, salió al valle que riega el río Turmero, que es el mismo en donde se halla hoy el pueblo del Valle, llamado por Losada de la Pascua, por haber permanecido en él desde la Semana Santa que llegó hasta pasada la Resurrección, sin la menor inquietud.

Era la intención de Losada llegar a sus fines más bien por los medios de la paz y la conciliación que por los de la violencia y el rigor; sin emplear en otra cosa las armas que en la propia defensa y seguridad. Cuantos indios se cogían en el campo volvían a su libertad agasajados, instruidos y vestidos; mas aunque daban señales de agradecimiento, tardó poco la experiencia en demostrar que no hacían otro uso de la generosidad de los españoles que el de volver a sus ardides para incomodarlos o el de formar nuevas coaliciones para combatirlos; hasta que, desengañado Losada de que su moderación no hacía más que darle un siniestro concepto de sus fuerzas, se resolvió a valerse de ellas para hacerse respetar. Dejados ochenta hombres en el valle de San Francisco a cargo de Maldonado, se entró por los mariches, a quienes llevaba ya reducidos, cuando tuvo que volver desde Petare a socorrer a Maldonado, que, cercado de diez mil taramaynas, hubiera perecido con los suyos si Losada no hubiese llegado a tiempo de ahuyentarlos con solo la noticia de su venida. Tan obstinada resistencia hizo a Losada variar la resolución en que estaba de no poblar hasta haber concluido la conquista y tener asegurada con ella la tranquilidad. Convencido de que era preciso hacerse fuerte en algún paraje para asegurarse en adelante, o tener cubierta la retirada, se resolvió a fundar una en el valle de San Francisco, a la que intituló desde luego Santiago de León de Caracas, para que con esta combinación quedase perpetuada su memoria, la del gobernador don Diego Ponce de León, y el nombre de la nación que lo había vencido. Ignórase aún el día en que se dio principio a la fundación de la capital de Venezuela y la diligencia de la generación presente solo ha podido arrancar a la indolencia de la antigüedad datos para inferir que fue a fines del año 1567 cuando se estableció su Cabildo de que fueron los primeros miembros Lope de Benavides, Bartolomé del Álamo, Martín Fernández de Antequera y Sancho del Vilar, y éstos eligieron por primeros alcaldes a Gonzalo de Osorio y a Francisco Infante.

Los débiles principios y la mala vecindad de la población la tuvieron algunos años expuesta al irreconciliable encono de Guaycapuro que, irritado de lo mal que lo había tratado la suerte con Losada, estuvo tres o cuatro años sublevando todas las naciones de alrededor, hasta que pudo formar una conspiración con los caciques Nayguatá, Guaymacuto, Querequemare, señor de Torrequemada, Aramaypuro, jefe de los mariches; Chacao, Baruta y Curucutí, que acaudillando a sus vasallos hubieran hecho abandonar la ciudad si hubiera estado a cargo de otro que Losada. Después de derrotarlos y acabar con Guaycapuro, que murió peleando cuerpo a cuerpo con el alcalde Francisco Infante, logró Losada intimidar algo los teques y mariches, dejando asegurada por entonces la buena correspondencia en todo el valle. Enseguida pasó a reedificar la ciudad de Caravalleda para que sirviese de puerto al comercio de la Metrópoli en lugar del de la Borburata, que había quedado abandonado por las incursiones de los filibusteros; hasta que, despojado injustamente del gobierno de Caracas, murió en el Tocuyo a manos del sentimiento que le causó la ingratitud con que correspondió el gobernador Ponce a sus heroicos servicios; pero su memoria vivirá entre la de los primeros conquistadores de América con el aprecio que merecen las proezas con que logró perpetuarla en Venezuela.

Desde el año de 1531 habían los españoles empezado a conquistar la parte oriental de la provincia que desde Maracapana formaba la jurisdicción de Cumaná. La fijación de límites entre ésta y la de Caracas, el descubrimiento de los países que inunda el Orinoco, la fama de las riquezas del río Meta y el hallazgo del Dorado produjeron otras tantas expediciones que, contrariadas, renovadas y malogradas sucesivamente, dieron margen a que se descubriesen los dilatados países que bajo el nombre de los Llanos forman hoy una parte muy esencial de la prosperidad de Venezuela, sin que pudiese hasta muy tarde formarse en ellos ningún establecimiento que merezca particular atención. No deben, sin embargo, pasarse en silencio las heroicas empresas de los españoles, que arrostraron por primera vez las impetuosas corrientes del Orinoco. El primero a quien pertenece esta gloria fue Diego de Ordaz, que después de haber perdido a manos de los indios y las enfermedades casi toda su gente, llegó hasta Uriapari, desde donde pasó a Caroao, y sus habitantes, deseosos de deshacerse de los españoles, les hicieron creer que más arriba hallarían innumerables riquezas. Vacilante Ordaz entre la codicia y el amor propio, quiso que no atribuyesen los indios a cobardía el desprecio de aquellas noticias y envió a reconocer la tierra a Juan González, que volvió a los pocos días dando noticias del descubrimiento de la Guayana y de la buena acogida que le habían hecho sus naturales. El deseo de hallar el oro que le aseguraban los indios había río arriba, hizo a Ordaz seguir su navegación contra las corrientes, los insectos, las enfermedades, el hambre y la guerra, hasta reconocer el caño de Camiseta, el de Carichana y la boca del río Meta, desde donde tuvo que volverse a Uriapari y de allí a Cumaná, sin otro fruto que el de verse preso y despojado de su conquista por don Antonio Sedeño y don Pedro Ortiz Matienzo, que habiendo representado a la Corte contra él, obtuvieron permiso para enviarlo a España, en cuyo viaje fue envenenado por Matienzo, encargado de conducirlo.

Jerónimo Ortal, que había ido con Ordaz a España, obtuvo de la Corte la facultad de continuar la conquista de la Nueva Andalucía y, en 1535, llegó a la Fortaleza de Paria, desde donde cometido el mando de la expedición a Alonso de Herrera, emprendió éste su entrada por el Orinoco siguiendo la derrota de Ordaz. Ya iba a perecer de hambre si la suerte no le hubiera proporcionado llegar a Cabruta, cuyo cacique le ofreció víveres para algunos días y con ellos siguieron varando en mil partes y viendo la muerte en todas hasta entrar por la boca del suspirado río Meta, donde en lugar de la riqueza que buscaban hallaron una raza de indios que les disputó el paso y los obligó a un combate en que murió Herrera, con algunos de sus soldados. Sucediole en el mando don Álvaro de Ordaz, sobrino del que envenenaron en el viaje a España; y el primer uso que hizo de su autoridad fue abandonar prudentemente la conquista y volverse a Cubagua en tal miseria que él y los suyos tuvieron que alimentarse en el viaje con cueros podridos de manatí y el poco marisco que podían coger en las playas. Bajo los mismos auspicios que Ortal y con la misma suerte que Herrera, emprendió por comisión de la Audiencia de Santo Domingo don Antonio Sedeño, gobernador de la isla de Trinidad, la conquista de la Nueva Andalucía. El primer paso de ella fue un sangriento encuentro que tuvo Juan Bautista, comisionado de Sedeño, con Ortal en el puerto de Neverí, en el que quedó herido y abandonado de los suyos. Con los que se pasaron a su partido del de Bautista continuó Ortal su conquista hasta que, despojado de ella por Diego Escalante, se dispersaron todos los que le acompañaban y se avecindaron en la gobernación de Venezuela. Entretanto se mantenían en la de Cumaná los que habían permanecido fieles a Sedeño, que, reforzado de nuevo en Puerto Rico, llegó a Maracapana, para unirse con los que le esperaban deseosos de recobrar lo perdido. Disponíase Sedeño para entrar en el río Meta cuando supo que había llegado a Cubagua un juez de residencia enviado por la Audiencia de Santo Domingo, a pedimento de Ortal, para que le impidiese seguir en aquella conquista; pero antes que se verificase el juicio que él quería evitar, sufrió el final envenenado por una esclava suya, quedando con él sepultada su memoria en el valle de Tiznados cerca del río de este nombre y terminados en 1540 cinco años de guerras civiles sin provecho alguno para la población de la provincia de Cumaná.

En la gobernación de Venezuela era el hallazgo del Dorado, el móvil de todas las empresas, la causa de todos los males y el origen de todos los descubrimientos. Su fama había penetrado hasta el Perú, de donde habían salido en su busca varias expediciones. Después de aquella funesta y desgraciada en que Felipe de Urre con una temeridad superior a los obstáculos, que la naturaleza y la incertidumbre de los datos oponían a la realización de sus designios, hizo heroicidades capaces de honrarlos si hubieran tenido mejor objeto; debe mirarse como la más memorable la de Martín Poveda, que produjo la que en 1559 emprendió don Pedro Malaver de Silva, reducida a haber salido de la Borburata y llegado a Barquisimeto después de haber andado vagando un año a la ventura por los inmensos llanos del río de San Juan, sin otro fruto que el desengaño, el escarmiento y el abandono de los suyos. Peor suerte cupo a su compañero Diego de Serpa, que vino después de España con facultad de entender en la conquista de la Nueva Andalucía y el país de Guayana, descubierto por Juan González en la expedición de Diego de Ordaz por el Orinoco. Es constante que Diego Fernández de Serpa se dirigió desde luego a Cumaná, que era desde muy temprano la capital del territorio asignado a su conquista, pues que a él le dedicó la institución de su primer ayuntamiento, restituyéndole el nombre del río de Cumaná en lugar del de Toledo y Córdoba, que había tenido hasta entonces. Tal vez pasó de allí al país de los cumanagotos para empezar por ellos su derrota y dejar reducidos a estos enemigos, que eran los más formidables. Pero ellos estaban ya de mala fe con los españoles y, uniéndose con los chaymas, sus vecinos, juntaron una fuerza de hasta diez mil combatientes, cargando con ella sobre los cuatrocientos españoles de Serpa, que murió con su sargento mayor, Martín de Ayala, en una acción cerca de las orillas del Cari, sin dejar otra memoria que el establecimiento del cabildo de Cumaná y la fundación de la ciudad de Santiago de los Caballeros en una de las bocas del Neverí, destruida poco después de su muerte por los cumanagotos. Desde la funesta derrota de don Pedro Malaver se hallaba avecindado en la gobernación de Venezuela su sobrino Garci González de Silva, sujeto muy acreditado por su intrepidez y valor. Estas circunstancias lo recomendaron particularmente a los alcaldes, que gobernaban interinamente la provincia por muerte del gobernador Ponce de León para que lo eligiesen por cabo de todas las expediciones que se emprendieron para pacificar y asegurar la población de las continuas correrías de los indios. Bajo la interinidad de los alcaldes y el gobierno de don Diego Mazariegos, sucesor de Ponce, hizo Garci González tales servicios a la provincia que puede mirarse como el ángel tutelar de su conservación. Los taramaynas, con su valiente jefe Paramaconi, los teques y los mariches quedaron reducidos a la obediencia y asegurada con ella la tranquilidad en toda la parte oriental de la provincia, por la infatigable entereza de González, así como por la parte occidental se distinguían otros capitanes aumentando la población y extendiendo la dominación española con el establecimiento de nuevas ciudades.

La laguna de Maracaibo era un fenómeno que llamaba la atención de los españoles en la Costa Firme, desde que Alfinger tuvo y comunicó a los demás las primeras noticias de su existencia y fertilidad: pero hasta el gobierno de don Pedro Ponce de León no se había podido pensar en ningún establecimiento a sus orillas. Desde el año de 1568, le tenía encomendada al capitán don Alonso Pacheco la fundación de una ciudad en ellas, y en esta empresa acreditó Pacheco por tierra y mar una constancia y una intrepidez, que lo hicieron acreedor a un lugar distinguido entre los conquistadores de Venezuela. La construcción de dos bergantines fue el primer paso que tuvo que dar para su expedición. Concluidos y armados éstos en Moporo empezó a costear las orillas de la laguna, en cuya vuelta gastó tres años de continuos debates con los saparas, quiriqures, atiles y toas, sin poder ganarles impunemente un palmo de tierra, hasta que reducidos a fuerza de armas pudo el capitán Pacheco en 1571 dar principio a la fundación de la ciudad de la Nueva Zamora, en el mismo sitio en que se estableció Alfinger cuando le llamó Venezuela por la semejanza que halló con Venecia en el modo de fabricar los indios sus casas sobre estacas en medio del gran lago, que ha recibido de la ciudad el nombre de Maracaibo, así como le ha dado el de Venezuela a toda la provincia. Al gobernador Ponce sucedió Diego de Mazariegos, que no pudiendo por su avanzada edad entender en nuevas conquistas nombró por su teniente a Diego de Montes, y éste, en uso de sus facultades, comisionó al capitán Juan de Salamanca para que entrase a poblar en el país de Curarigua y Carora. La malograda expedición de Malaver, y la derrota de Serpa en los Cumanagotos habían dejado esparcidos muchos españoles sin acomodo en la gobernación de Venezuela, de suerte que Salamanca tuvo poco que hacer para juntar setenta hombres con los cuales salió del Tocuyo, y atravesando sin obstáculos todo el país de Curarigua llegó al sitio de Baraquigua donde fundó en 1572 la ciudad de San Juan Bautista del portillo de Carora, que tardó poco en poblarse con los españoles refugiados a sus inmediaciones de resultas de la fatal conquista del Dorado.

Todavía quedaban en las de Caracas algunas tribus de indios que con su obstinación causaban enormes perjuicios a los progresos de los españoles y a la población de la provincia. Eran los más enconados los mariches, teques, quiriqures y tomuzas, cuya reducción encomendó Mazariegos a Francisco Calderón, su teniente en la ciudad de Caracas. El conocimiento que éste tenía de las prendas de Pedro Alonso Galeas le hizo encargarle la conquista de los mariches, para cuya empresa le reunió la opinión de su valor otros compañeros muy acreditados y útiles, entre los cuales se hallaba Garci González de Silva y el cacique Aricabacuto, que siendo aliado fiel de los españoles, y teniendo sus posesiones inmediatas a los mariches debía procurar su reducción para verse seguro de las vejaciones con que querían vengar sus paisanos la infidelidad que había cometido. En esta expedición tuvo que pasar Galeas por todo cuanto podía sugerir a una multitud bárbara, irritada y acaudillada por un jefe intrépido el deseo de vengar sus agravios y asegurar su independencia. Repetidas veces se vio en la última prueba el valor de Galeas, la fidelidad de Aricabacuto, y la intrepidez de Garci González con el impertérrito Tamacano, que no paró hasta presentar con sus mariches a los españoles una batalla en las orillas del Guayre. Solo la firmeza de Galeas pudo sacarlo con bien y hacerlo triunfar de las ventajas con que el terreno y la muchedumbre favorecía a los bárbaros, hasta que dispersos éstos por Garci González, quedó en la palestra Tamacano solo, que después de matar por su mano tres españoles, tuvo que rendirse para perder la vida con una nueva prueba de coraje tan honrosa para él como injuriosa para sus vencedores. No fue más fácil a Garci González la reducción de los teques, que era indispensable para poder continuar en el trabajo de las minas que descubrió Fajardo, y que trataba de beneficiar de nuevo Gabriel de Ávila. Esta nación, heredera del odio que Guaicapuro juró en sus últimos momentos a los españoles, estaba acaudillada por Conopoima, cuya intrepidez y valor podía solo reconocer superioridad en Garci González. No obstante la sorpresa con que le atacó de noche en su mismo pueblo, y de la derrota que habían sufrido los suyos, trataba Conopoima de presentarle al amanecer nueva acción con las reliquias de sus huestes, y perseguirlo hasta las alturas para impedirle la reunión con los que había dejado en ellas. No consiguió Conopoima contra los españoles en esta jornada otra cosa que acreditar que había entre sus vasallos quien imitase el heroísmo de las más grandes naciones. Entre los prisioneros que llevaba González en su retirada, se hallaba Sorocaima a quien mandó González hiciese saber a sus compañeros desistiesen de incomodar con sus flechas a los españoles, so pena de empalarlo a él y a otros cuatro; pero repitiendo el bárbaro Sorocaima la patriótica heroicidad de Atilo Regulo, levantó la voz animando a Conopoima a que cargase sobre Garci González, asegurándole la victoria en el corto número de los suyos; acción que puso a su constancia en el caso de renovar la prueba de Scévola alargando la mano para que se la cortasen en castigo de su generosidad; pero Garci González, no pudiendo permanecer insensible a tanto denuedo revocó la sentencia, que después ejecutaron ocultamente sus soldados para desacreditar la humanidad de su jefe. Esta crueldad causó mucho desaliento a Conopoima y los suyos, que echando de menos después de la retirada a su mujer y dos hijas del cacique Acaprapocon, su aliado, concluyó el amor lo que había empezado la compasión; y ambos caciques se resolvieron a rescatar a su familia con la paz, que gozaron con ventajas y conservaron con fidelidad.

Sujetos los teques y mariches, quedaban los quiriquires y tomuzas de cuya reducción se encargó Francisco Infante, que tuvo que abandonarla por una peste que empezando por él se comunicó a los suyos, y obligó a Francisco Calderón a entregarse (sic) de la conquista. Los primeros pasos con que Infante había asegurado la buena correspondencia con los indios sirvieron de mucho a Calderón, que entrando por el valle de Tacata, y siguiendo las márgenes del Tuy tomó pacíficamente posesión de toda la sabana de Ocumare, donde hubiera fundado una ciudad si no se lo hubieran impedido sus compañeros. La mala conducta de Francisco Carrizo, que sucedió a Calderón en aquella conquista exasperó a los indios hasta el punto de perder lo ganado, si no hubiese acudido a conservarlo Garci González con su prudencia y buena dirección. Apenas volvía de librar a la provincia de las carnívoras incursiones de los caribes, le nombró el gobernador don Juan Pimentel, que había sucedido a Mazariegos, para que redujese a los cumanagotos, que insolentes con los atentados cometidos con Serpa y los suyos, no dejaban esperanza de poder establecerse en la provincia de Cumaná, ni permitían hacer el comercio de las perlas en toda la Costa. Con la gente que tenía González para la conquista de los quiriquires salió de Caracas en 1579 con ciento treinta hombres por los valles de Aragua, atravesó los Llanos, y costeando el Guárico salió a Orituco, y llegando al país del cacique Querecrepe se acampó cerca de las orillas del Unare. Era la intención de Garci González sorprender a los cumanagotos, y para esto, en lugar de empezar como Serpa su conquista por la costa, hizo el largo rodeo que hemos visto; mas a pesar de esta precaución, del auxilio que le prestaron los caciques de las naciones palenque, barutayma, Cariamaná, y el de Píritu, que ya estaba catequizado; y de una completa derrota que sufrieron los indios en número de tres mil sobre Unare, cuyas corrientes arrostró González con una heroica resolución, no pudo conseguir otra ventaja que la de retirarse a Querecrepe y fundar una pequeña ciudad bajo la advocación del Espíritu Santo, que quedó abandonada a resultas de una nueva batalla que tuvo que empeñar González en la llanura de Cayaurima, con doce mil combatientes, que habían juntado los cumanagotos, con la ayuda de los chacopatas, cores y chamas sus vecinos.

Tantos trabajos y contratiempos empezaban a apurar la constancia de Garci González, al paso que otros más temibles amenazaban la entera desolación de la provincia. Al abandono en que la dejaba el retiro de Garci González a Caracas, se siguió la aparición del contagio devastador de las viruelas traído por primera vez a Venezuela en un navío portugués procedente de Guinea que arribó en 1580 a Caravalleda. Los efectos del contagio se contaban por naciones enteras de indios que cubrían con sus cadáveres el país que había visto sucederse tantas generaciones, dejando a la provincia en tan funesta y horrorosa despoblación que a ella debe referirse el total exterminio de las razas que han desaparecido de su suelo. Apenas se respiraba de tantas calamidades, hubo que recurrir de nuevo a Garci González para que librase a Valencia y las cercanías de Caracas de otras con que las amenazaban los caribes. A pesar de la resolución en que estaba González de vivir retirado hubo de prestarse al socorro del país, y cediendo a las instancias de don Luis de Rojas, que había venido a suceder a Pimentel en el Gobierno, salió en busca de los caribes y habiéndolos hallado en el Guárico los batió, derrotó, y sujetó a la obediencia. Ya habían quedado los quiriquires en otra expedición bien dispuestos a favor de los españoles, de suerte que Sebastián Díaz pudo sin gran trabajo establecerse en aquel país y fundar en el confluente de los ríos Tuy y Guayre la ciudad de San Juan de la Paz que, abandonada por la insalubridad de su clima, quedó reemplazada con la de San Sebastián de los Reyes, que en obsequio de su patrono fundó el mismo Sebastián Díaz en 1584 con Bartolomé Sánchez, Frutos Díaz, Gaspar Fernández, Mateo de Laya, que eligieron por primeros alcaldes a Hernando Gómez y Diego de Ledesma.

Los malos sucesos de Garci González hicieron que se mirase la reducción de los cumanagotos como una empresa destinada más bien para castigo que para premio del que la continuase, y bajo este concepto se condenó a Cristóbal Cobos a que la concluyese, en pena de la perfidia que cometió su padre con Francisco Fajardo. Esta circunstancia parece que hizo a don Luis de Rojas tener en poco el resultado de la expedición de Cobos y contentarse con darle ciento setenta hombres para una empresa que había puesto a prueba el valor de capitanes muy acreditos (sic). Disimuló Cobos el desprecio con que miraba Rojas su vida, y reservando para el fin de la expedición los efectos de su resentimiento, se presentó atrevidamente en la boca del Neverí con sus ciento setenta compañeros a todo el poder de Cayaurima, que traía entre cumanagotos, chaimas y chacopatas más de ocho mil combatientes aguerridos en las pasadas jornadas, y orgullosos con lo que les había favorecido en ellas la fortuna. Ya iba el cansancio y el desaliento de los soldados de Cobos a renovar los triunfos de Cayaurima, cuando Juan de Campos y Alonso de Grados se resolvieron a decidir por sí solos la suerte en favor de los españoles. Fiados en lo extraordinario de sus fuerzas se arrojaron a brazo partido sobre el escuadrón de los indios en busca de Cayaurima para apoderarse con su persona del ardor y valentía de los suyos. Halláronle en el lado que hacía cara a la caballería, y sin darle lugar de apercibirse lo cargaron en brazos y lo llevaron escoltado por un piquete de caballos al alojamiento, con lo que desmayadas sus huestes propusieron la paz para evitar la ruina de su caudillo y aprovechar, al abrigo de la tregua, los medios que estuviesen a su alcance para libertarlo. Los mismos designios que tuvieron los bárbaros para proponer el armisticio tuvo Cobos para aceptarlo, y a la sombra de la esperanza del rescate de Cayaurima tuvo a los indios tranquilos, pudo mudar su alojamiento a una de las bocas del Neverí, y poblar en 1585 la ciudad de San Cristóbal, llamada de los cumanagotos en memoria de los triunfos de Cobos sobre estos indios. No bien se vio Cobos dueño de un país cuya conquista creyó imposible con los débiles medios que le dio Rojas, cuando pensó en vengarse de él; y para conseguirlo de un modo que lo dejase a cubierto de su autoridad se pasó a la gobernación de Cumaná poniéndose él y la nueva provincia bajo la obediencia del gobernador Rodrigo Núñez Lobo. Rojas despreció lo que no podía remediar, y mientras obtenida la aprobación del rey adelantó Cumaná sus límites hasta la ribera de Unare, adquiriendo toda la provincia llamada hoy de Barcelona, y entonces de los cumanagotos.

No fue solo la reducción de sus límites la única calamidad que tuvo que sufrir la provincia de Venezuela cuando, terminada en 1586 las empresas militares con que había logrado la respetable población que hemos visto, esperaban sus conquistadores el reposo necesario para elevarla a la prosperidad a que la destinaba la naturaleza. Un abuso funesto de la autoridad que debía desarrollar el precioso germen de su industria, es lo primero que se encuentra, por desgracia, al entrar en la época de su regeneración política. Rojas, que había visto con indiferencia perder veinte leguas de jurisdicción, no quiere sufrir que el cabildo de Caravalleda conserve el simulacro de la autoridad que el rey había depositado en su Ayuntamiento, y se empeña en vulnerar los sagrados derechos del común, nombrando él, a su arbitrio, los alcaldes para el año 1587. En vano quiere oponerse aquella respetable municipalidad a la escandalosa violación de sus derechos; la fuerza prevalece contra la justicia, y los vecinos de Caravalleda, antes que dar lugar a excesos que hubieran deshonrado su causa, prefirieron abandonar para siempre a los reptiles y los cardones un lugar en que se había ultrajado la dignidad del hombre y el carácter de sus representantes. Caravalleda quedó borrada del catálogo de las ciudades de Venezuela; pero sus ruinas serán un eterno monumento de la sumisión que siempre han acreditado sus habitantes a la soberanía, aun con sacrificio de sus más sagrados intereses. La maligna influencia del gobierno de Rojas no acabó con su autoridad, porque es imposible que deje de tener partidarios un jefe que no ha guardado la imparcialidad que le impone su ministerio. La provincia quedó dividida en facciones de agraviados y favorecidos, y convertidos los unos en fiscales de los otros, descubrieron lo que es muy fácil de suceder en toda conquista y muy difícil de ocultar entre conquistadores. Los indios fueron el pretexto y la piedra de escándalo que sublevó todos los ánimos, y su maltrato fue el móvil de todas las querellas. La Audiencia de Santo Domingo no pudo mirar con indiferencia un asunto que el rey tenía puesto bajo su inmediata protección, y envió en calidad de pesquisidor al licenciado Diego de Leguizamón en 1588. La materia de su pesquisa era por desgracia tan trascendental y funesta al país, como útil a las miras del juez, que no quería perder su tiempo. Las condenaciones, las costas, los salarios y todos los demás gastos de la comisión iban llegando a tal exceso, que si el Ayuntamiento de Caracas no toma la resolución de enviar a Santo Domingo a Juan Riveros para que hiciese presente la desolación que amenazaba a la provincia la conducta de Leguizamón, hubiera él solo gozado tal vez el fruto de tan ardua y penosa conquista.

Pero ni la Audiencia ni la Corte se mostraron indiferentes a las justas reclamaciones de tan fieles vasallos; aquélla condenó en las costas a su pesquisidor, y ésta sustituyó en las funciones del déspota Rojas a don Diego de Osorio con facultad de residenciar a su antecesor. La primera providencia con que llenó la confianza que los desalentados vecinos de Venezuela habían depositado en su administración fue el restablecimiento de la ciudad de Caravalleda. Era muy fresca la herida, y estaba en parte muy noble y sensible, para poder renovarla y curarla radicalmente, de suerte que fueron inútiles las medidas de Osorio, que tuvo al fin que pensar en otro puerto para el comercio de la metrópoli. A la despoblación del de Caravalleda debió su establecimiento el de La Guaira, habilitado por Osorio y fortificado después por sus sucesores. Las circunstancias de un país recién conquistado, cuya población se componía de jefes intrépidos y ambiciosos, de soldados feroces y deseosos de sacudir la disciplina que los había hecho dueños del suelo que pisaban, y de naciones bárbaras y sumisas que reclamaban las luces de la religión y los auxilios de la política, eran obstáculos que no podía vencer Osorio con la sola investidura de gobernador; pero su conducta le había granjeado de tal modo la confianza del Ayuntamiento de Caracas, que le propuso sujeto de su satisfacción para solicitar en la Corte las facultades que faltaban a sus filantrópicos deseos. Simón de Bolívar fue destinado a llevar a los pies del Trono los intereses de Venezuela y a implorar en su favor todas las facultades que faltaban a su gobernador para cumplir las esperanzas de sus vecinos. Penetrado Su Majestad de las razones del procurador general Bolívar, se dignó acceder a cuanto solicitaban sus leales vasallos de Venezuela, concediéndoles, en prueba de su benéfica protección, la exención de alcabalas por diez años, la facultad de introducir sin derechos un cargamento de cien toneladas de negros y la gracia de un registro anual para el puerto de La Guaira a favor de la persona que nombrase el Ayuntamiento, con la aprobación de cuanto proponía Osorio para dar a la provincia todo el esplendor que le prometían las primicias de tan augusta munificencia. A favor de ellas pudo desplegar Osorio la influencia de sus acertadas miras repartiendo tierras, señalando ejidos, asignando propios, formando ordenanzas municipales, congregando y sometiendo a orden civil los indios en pueblos y Corregimientos, y añadiendo como necesaria a los partidos del Tocuyo y Barquisimeto la ciudad de Guanare, que bajo la advocación del Espíritu Santo pobló a orillas del río de este nombre Juan Fernández de León en 1593; y para que nada faltase al lustre de la capital de Venezuela hizo perpetuos los regimientos de su cabildo, siendo los primeros que gozaron esta distinción el famoso Garci González de Silva, depositario general; Simón de Bolívar, oficial real de estas cajas; Diego de los Ríos, alférez mayor; Juan Tostado de la Peña, alguacil mayor; y Nicolás de Peñalosa, Antonio Rodríguez, Martín de Gómez, Diego Díaz Becerril, Mateo Díaz de Alfaro, Bartolomé de Emasabel y Rodrigo de León, regidores.

Mientras los gobernadores y los Ayuntamientos de las gobernaciones de Caracas y Cumaná entendían en los medios de dar a sus jurisdicciones una consistencia política que asegurase sus adelantamientos y llenase las intenciones de la metrópoli con respecto a los naturales, se hallaba todavía en su infancia al sur de ambas provincias una que debía formar algún día la porción más interesante de la Capitanía General de Caracas. La Guayana, a quien el Orinoco destinaba a enseñorear todo el país que separan del mar los Andes de Venezuela, fue de poco momento mientras que los entusiastas del Dorado pisaron su majestuoso suelo ciegos por la codicia y sordos a las ventajas de la industria y el trabajo; mas aunque estas funestas expediciones no produjeron el deseado fin que las hizo emprender, no pudieron menos que llamar la atención sobre el maravilloso espectáculo con que la naturaleza convidaba a unos hombres desengañados a indemnizarse con su sudor de las pérdidas y la destrucción a que los había reducido la avaricia. La religión fue el asilo que encontraron para empezar su carrera bajo mejores auspicios, y sus ministros se prestaron gustosos a recuperar lo que había perdido la violencia con un celo que hará siempre respetables a los emisarios del Dios de la paz. Sus apostólicas tareas hubieran tardado poco en preparar aquel país a recibir todas las modificaciones de la política, si su misma fertilidad no lo hubiese hecho el objeto de la codicia de otras potencias inmediatas y más adictas a sus propios intereses que a la felicidad de aquellas naciones. Los holandeses de Esquivo y Demerari miraban como impenetrable la barrera evangélica, y fue lo primero que procuraron derribar sublevando a los indios contra los misioneros, y haciendo que abandonasen aquella espiritual conquista, hasta que en 1586 vino a continuarla don Antonio de la Hoz Berrio por los trámites ordinarios. Su primer ensayo fue la fundación de San Tomás de Guayana en la orilla del Orinoco a cincuenta leguas de sus bocas. Apenas se vio establecido, se contagió como los demás de la manía del Dorado y envió a su teniente Domingo de Vera a que reclutase en España gente para esta expedición. Trescientos hombres salieron de Guayana, de los cuales volvieron a los pocos días treinta esqueletos que demostraban sobradamente las horribles miserias de que habían sido víctimas sus desgraciados compañeros. Tantos descalabros no podían menos que reclamar alguna venganza contra Berrio, autor de ellos, que al fin fue capitulado y reemplazado por el capitán Juan de Palomeque. Ni el nuevo país ni el nuevo gobernador pudieron respirar mucho tiempo de las pasadas calamidades. Los ingleses y holandeses no perdían jamás de vista la Guayana y, desengañados de que no podían sostener clandestinamente sus relaciones mercantiles con ella, se resolvieron a tentar su conquista. Una expedición combinada de ingleses y holandeses contra la Guayana fue el primer acaecimiento del siglo XVII en la provincia de Venezuela. Gualtero Reylli o Reali, jefe de ella, se presentó con quinientos hombres delante de la ciudad, guiado por los indios chaguanes y titibis, sin que el valor de Alonso de Grados ni las acertadas providencias del gobernador Palomeque y su teniente Diego de Baena pudiesen impedir que se apoderasen de la ciudad, reconociesen y arrasasen a su satisfacción todo el país, sondeasen el Orinoco y sus bocas, y se volviesen a La Trinidad, sin descalabro, con mejores ideas, y más esperanzas de sacar partido de la Guayana, cuyos habitantes sufrieron todos los horrores de la emigración en país inculto y perdieron en la acción a su valiente jefe Palomeque.

Semejantes a los principios del siglo XVII en Guayana, fueron los fines del XVI, en Caracas. Apenas respiraba la provincia del hambre que ocasionó el año de 1594 una plaga exterminadora de gusanos que arrasó sus sementeras, se vio acometida por el corsario Drake, a la sazón que se hallaba en Maracaibo su gobernador don Diego de Osorio. La ensenada de Guaimacuto fue el paraje que eligió Drake para desembarcar quinientos hombres, y guiado desde allí por un español a quien el temor de la muerte hizo ser traidor a su país, subió el cerro de Ávila por una pica desconocida y se presentó a las puertas de

Caracas, que se hallaba casi desamparada de sus vecinos. Hallábanse éstos acaudillados por los alcaldes Garci González y Francisco de Rebolledo, que gobernaban por ausencia de Osorio, apostados en todos los desfiladeros y puntos principales de camino real de La Guaira; mientras que Drake, ayudado de la perfidia, se hallaba cerca de Caracas sin otra resistencia que la de un anciano sexagenario, que no quiso comprar con la opresión de su patria los pocos años que faltaban a su vida. Alonso de Ledesma, cuyo nombre no podrá callarse sin agravio de toda la posteridad de Venezuela, se hizo montar a caballo por sus criados, y empuñando en sus trémulas y respetables manos una lanza, salió al encuentro al corsario para que no pasase adelante sin haber pisado el cadáver de un héroe. Quiso Drake honrar como era debido tanto denuedo y mandó a los suyos que respetasen al campeón de Caracas; pero el anciano Ledesma no quiso aceptar la injuriosa compasión de su enemigo, hasta que viendo los soldados que no se apaciguaba su coraje a menos costa que la de la vida se la quitaron contra la voluntad de su jefe, que hizo llevar en pompa su cadáver para sepultarlo con aquellas señales de respeto que inspira el patriotismo a los mismos enemigos. Mientras se hallaban los alcaldes y los vecinos de Caracas esperando al enemigo en el camino real, estaba ya éste posesionado de la ciudad y hecho fuerte en la iglesia y casas de Cabildo, temeroso de lo que pudiera intentarse contra él. Viendo los alcaldes que no era posible ya acometerle, lo sitiaron en su mismo atrincheramiento, y cortados por todas partes los socorros tuvo que abandonar la ciudad a los ocho días y embarcarse en sus bajeles, después de haber saqueado e incendiado cuanto se oponía a sus designios.

Aunque las providencias de Osorio habían consolidado el sistema político de Venezuela de un modo que hizo sensible a los que lo conocieron su muerte y dejó perpetuada para siempre su memoria, quedaba todavía mucho que hacer para concluir la reducción y población de la provincia de Cumaná. La vecindad de Guayana había, desde el principio de su establecimiento, defraudado mucho a sus progresos, y la conservación y seguridad de aquella provincia contra las incursiones de los holandeses puede mirarse desde entonces como una de las trabas incompatibles con los adelantamientos de Cumaná. Hacía muchos años que existía su gobierno cuando se fundó la segunda ciudad de su distrito. Don Juan de Urpin obtuvo de la Audiencia de Santo Domingo, en 1631, facultad para acabar de reducir los indios cumanagotos, palenques y caribes, de modo que de soldado de la real fortaleza de Araya se vio con el carácter de conquistador, a pesar de los émulos que se oponían a sus designios. Con trescientos hombres que reclutó en la isla de Margarita y en la gobernación de Caracas atravesó los Llanos, y después de algunos sangrientos encuentros con los palenques pasó el Unare, costeó el Uchire, salió a la playa, y se dirigió por ella al pueblo de San Cristóbal de los Cumanagotos para empezar desde allí su derrota. Pero sus enemigos se la interrumpieron y le obligaron a pasar a España de donde volvió ratificado por el Consejo de Indias su nombramiento, y empezó de nuevo su conquista. Los obstáculos que encontraba a cada paso le hicieron contentarse por algún tiempo con el beneficio de los cueros del mucho ganado vacuno que había en los Llanos de Mataruco, sin hacer otra cosa que edificar bajo la advocación de San Pedro Mártir un fortín, en el sitio que ocupa hoy el pueblo de Clarines. Luego se creyó más reforzado, y provisto de lo necesario emprendió otra salida en que no tuvo mejor suceso que en las anteriores hasta que, disimulando bajo las apariencias de prudencia el convencimiento de su inferioridad, se volvió sin empeñar lance alguno con los cumanagotos al pueblo de San Cristóbal y, aprovechándose de la división en que estaban sus vecinos, se retiró con los de su partido a las faldas del Cerro Santo, donde dio principio en 1637 a la ciudad de la Nueva Barcelona en una llanura que le cedió para el intento el capitán Vicente Freire. Las desavenencias que originaron la traslación del pueblo de San Cristóbal a la falda de Cerro Santo, no se acabaron con mudar de sitio, sino que continuando llegaron al extremo de tener que abandonarlo de nuevo y traer la ciudad de Barcelona al sitio que ocupa actualmente en la orilla del Neverí, desde el año de 1671 en que se fijó en aquel lugar bajo el gobierno de don Sancho Fernández de Angulo. Apenas se logró la reducción de los indios y se tranquilizaron las disensiones de los españoles, se vieron nacer, a impulsos de la fertilidad con que el país convidaba al trabajo, algunas poblaciones que han sido abandonadas, trasladadas y aumentadas sucesivamente. Las más principales son la ciudad de San Felipe de Austria o Cariaco, fundada por los años de 1630 a orillas del río Carenicuao que desagua en el golfo de que toma el nombre la población: la de la Nueva Tarragona en el valle de Cupira, destruida por los palenques y tomuzas; la de San Baltasar de los Arias o Cumanacoa a la orilla izquierda del río Cumaná y la villa de Aragua, en el valle de este nombre, cuyo origen es anterior a los años de 1750.

En los fines del siglo XVII debe empezar la época de la regeneración civil de Venezuela cuando, acabada su conquista y pacificados sus habitantes, entró la religión y la política a perfeccionar la grande obra que había empezado el heroísmo de unos hombres guiados, a la verdad, por la codicia, pero que han dejado a la posteridad ejemplos de valor, intrepidez y constancia, que tal vez no se repetirán jamás. Entre las circunstancias favorables que contribuyeron a dar al sistema político de Venezuela una consistencia durable debe contarse el malogramiento de las minas que se descubrieron a los principios de su conquista. La atención de los conquistadores debió dirigirse, desde luego, a ocupaciones más sólidas, más útiles y más benéficas, y la agricultura fue lo más obvio que encontraron en un país donde la naturaleza ostentaba todo el aparato de la vegetación. No se descuidó la metrópoli en favorecer con sus providencias el espíritu de industria y aplicación agrícola que veía desenvolverse en Venezuela, y los derechos de propiedad anejos a la conquista se hicieron bien pronto trascendentales a la industria y el trabajo. Los cabildos tuvieron desde luego la prerrogativa de presentación al derecho de propiedad, cuya sanción era privativa de los gobernadores. Este sistema debió aumentar sobremanera la propiedad territorial, y aunque la extensión del terreno era inmensa con respecto a la población, la inmediación a las ciudades, la proporción del riego y la facilidad del transporte de los frutos, ocasionaron ciertas preferencias que no pudieron menos que someter la cuestión de lo mío y lo tuyo a la decisión de la ley o a la autoridad de los tribunales. Una medida mal premeditada hizo llevar a la Corte estos pleitos, y la agricultura recibió, contra la voluntad del Soberano, un golpe mortal y la propiedad quedó sujeta a mil disputas que ocasionaron y ocasionan enormes gastos y disensiones. El temor de los costos y las dilaciones que acarrearía a los vecinos de Venezuela ventilar sus derechos a tanta distancia los hizo pasarse sin tierras en perjuicio de los adelantamientos del país, o poseerlas sin títulos con notable daño de sus descendientes, hasta que, conocido el mal en la Corte, se precavió por una Real Cédula de 1754 que cometía a las Audiencias la sanción definitiva de todo lo perteneciente a tierras ordenando, para reformar los anteriores abusos, que todos los propietarios presentasen a los comisionados del Tribunal los títulos de posesión. Si habían sido concedidos por los gobernadores quedaban refrendados, siempre que el poseedor no hubiese pasado los límites de la concesión; pero en el caso de no presentar los títulos quedaba la tierra reunida a la Corona, y si había exceso en los linderos estaba obligado el poseedor a comprar al rey a un precio moderado lo que resultaba excedido, o a perderlo con los frutos y mejoras que tuviese.

Estos primeros pasos hacia la propiedad legal en Venezuela fueron consecuencias de otros dados anteriormente en beneficio de los primitivos propietarios de su suelo. Los indios, distribuidos hasta entonces en encomiendas entre los conquistadores, quedaron por Real Cédula de 1687 libres del servicio personal, y sujetos solo a los ministros de la religión, para que luego que por su benéfico ministerio estuviesen capaces de entrar en la sociedad gozasen en ella de todos los derechos que les concedían las leyes españolas, que no conocen los que tanto deprimen en esta parte nuestra conducta. La obra de un código completo inmediatamente después del descubrimiento de unos países desconocidos y el arreglo de unos establecimientos tan nuevos en el orden civil son esfuerzos superiores al poder humano, que solo deben esperarse del tiempo y de las circunstancias. El europeo y el americano que no miran en las demás colonias su establecimiento sino como una mansión pasajera y como un medio de volver ricos a la madre patria gozan, al abrigo de nuestras leyes, todo cuanto puede hacer apreciable al hombre el suelo que pisa. Tres siglos de existencia, en que se han visto elevarse muchas ciudades de la América al rango de las más principales de la Europa, justificarán siempre la política, la prudencia y la sabiduría del gobierno que ha sabido conservar su influjo sin perjudicar a los progresos de unos países tan distantes del centro de su autoridad. Venezuela no tuvo en sus principios aquellas cualidades que hicieron preferibles a los españoles otros puntos del continente americano. Sus minas no atraían las flotas y los galeones españoles a sus puertos, y las producciones de su suelo tardaron mucho en conocerse en la metrópoli; mas a pesar de esta lentitud vemos que apenas se desarrolla su agricultura, obtiene el fruto de su primitivo cultivo la preferencia en todos los mercados, y el cacao de Caracas excede en valor al del mismo país que lo había suministrado a sus labradores. Bien es verdad que el espíritu político de la España contribuía poco a favorecer los países que no poseían metales o aquellos frutos preciosos que llamaron la atención de la Europa en los primeros tiempos del descubrimiento de la América; y Venezuela con solo su cacao debía figurar poco en el sistema mercantil del Nuevo Mundo: Méjico y el Perú ocupaban toda la atención del Gobierno y atraían todas las producciones de la industria española; de suerte que Venezuela apenas podía decir que estaba en relación con la madre patria. Por muchos años no recibió ésta el cacao de Caracas sino por mano de otras naciones que, suministrando a sus vecinos lo necesario para las comodidades de la vida, privaban a la metrópoli de recibir directamente el precioso fruto de los valles de Venezuela.

Estas relaciones clandestinas debían apartar necesariamente a los que las mantenían de la inspección de los agentes del fisco, y a ellas debió Puerto Cabello su existencia en perjuicio de la Borburata, que era el puerto destinado para el comercio de Venezuela con la Península. Puerto Cabello, habilitado por la naturaleza para contener y carenar toda la marina española, fue el surgidero que eligieron los holandeses de Curazao para dejar sus efectos y llevarse el cacao. Unas miserables barracas de contrabandistas unidas a las de algunos pescadores fueron el núcleo de la población de este puerto condenado a parecer por mucho tiempo una dependencia de la Holanda, más bien que una propiedad española. Quiso el Gobierno dar una consistencia legal a aquella reunión de hombres, cuyo carácter y ocupación debía hacer muy precaria la tranquilidad pública; pero la independencia criminal en que había vivido y el interés particular, sostenido por el general de los holandeses, les hizo oponerse obstinadamente a los designios del Gobierno, hasta hacerle renunciar al proyecto de someter a su autoridad las barracas de Puerto Cabello, que se convirtieron bien pronto en el asilo de la impunidad y en el almacén general de las colonias holandesas en la Costa Firme. Nada tenía que ofrecer Venezuela a la Península para atraer sus bajeles a sus puertos sino el cacao; mas los holandeses tenían muy buen cuidado de extraerlo para poner bajo el monopolio de la necesidad a un país que no tenía de dónde vestirse y proveer a las atenciones de su agricultura sino los almacenes de Curazao, ni otro conducto por donde dar salida a sus frutos y recibir estos retornos, que Puerto Cabello; hasta que, por una de aquellas combinaciones políticas más dignas de admiración que fáciles de explicar, se vio la provincia de Venezuela constituida en [un] nuevo monopolio tan útil en su institución, como ruinoso en sus abusos, a favor del cual empezó a salir de la infancia su agricultura y el país, conducido por la mano de una compañía mercantil, empezó a dar los primeros pasos hacia su adelantamiento: la metrópoli recobró un ramo de comercio que se había sustraído injustamente de su autoridad y Puerto Cabello se elevó al rango de una de las primeras plazas y del más respetable puerto de la Costa Firme.

La Compañía Guipuzcoana, a la que tal vez podrían atribuirse los progresos y los obstáculos que han alternado en la regeneración política de Venezuela, fue el acto más memorable del reinado de Felipe V en la América. Sean cuales fuesen los abusos que sancionaron la opinión del país contra este establecimiento, no podrá negarse nunca que él fue el que dio impulso a la máquina que planteó la conquista y organizó el celo evangélico. Los conquistadores y los conquistados, reunidos por una lengua y una religión en una sola familia, vieron prosperar el sudor común con que regaban en beneficio de la madre patria una tierra tiranizada hasta entonces por el monopolio de la Holanda. La actividad agrícola de los vizcaínos vino a reanimar el desaliento de los conquistadores y a utilizar, bajo los auspicios de las leyes, la indolente ociosidad de los naturales. La metrópoli, que desde el año de 1700 no había hecho más que cinco expediciones ruinosas a Venezuela, vio llegar en 1728 a sus puertos los navíos de la Compañía y llenarse sus almacenes del mismo cacao que antes recibía de las naciones extranjeras. No fue solo el cultivo de este precioso fruto el que contribuyó a desenvolver el germen de la agricultura en el suelo privilegiado de Venezuela; nuevas producciones vinieron a aumentar el capital de su prosperidad agrícola y a elevar su territorio al rango que le asignaba su fertilidad y la benéfica influencia de su clima. Los valles de Aragua recibieron una nueva vida con los nuevos frutos que ofreció a sus propietarios la actividad de los vizcaínos, ayudados de la laboriosa industria de los canarios. Los primeros ensayos de don Antonio Arvide y don Pablo Orendain sobre el añil dieron a esta preciosa producción de la agricultura de Venezuela un distinguido lugar en los mercados de la Europa. El Gobierno honró y recompensó sus filantrópicas tareas, y la posteridad, desnuda de prestigios, ha decretado eterna gratitud a unos labradores que ofrecieron tan precioso manantial de riqueza, desde los valles de Aragua, teatro de sus primeros ensayos, hasta Barinas, que ha participado ya del fruto de tan importante producción.

Apenas se conoció bien el cultivo y la elaboración del añil, se vieron llegar los deliciosos valles de Aragua a un grado de riqueza y población de que apenas habrá ejemplo entre los pueblos más activos e industriosos. Desde la Victoria hasta Valencia no se descubría otra perspectiva que la de la felicidad y la abundancia, y el viajero, fatigado de la aspereza de las montañas que separan a este risueño país de la capital, se veía encantado con los placeres de la vida campestre y acogido en todas partes con la más generosa hospitalidad. Nada hallaba en los valles de Aragua que no le inclinase a hacer más lenta su marcha por ellos; por todas partes veía alternar la elaboración del añil con la del azúcar; y a cada paso encontraba un propietario americano o un arrendatario vizcaíno, que se disputaban el honor de ofrecerle todas las comodidades que proporciona la economía rural. A impulsos de tan favorables circunstancias se vieron salir de la nada todas las poblaciones que adornan hoy esta privilegiada mansión de la agricultura de Venezuela. La Victoria pasó rápidamente de un mezquino pueblo formado por los indios, los misioneros y los españoles, que se dispersaron en las minas de los Teques, a la amena consistencia que tiene actualmente: Maracay, que apenas podía aspirar ahora cuarenta años a la calificación de aldea, goza hoy todas las apariencias y todas las ventajas de un pueblo agricultor, y sus inmediaciones anuncian desde muy lejos al viajero el genio activo de sus habitantes. Turmero ha debido también al cultivo del añil y a las plantaciones de tabaco del rey los aumentos que le hacen figurar entre las principales poblaciones de la gobernación de Caracas: Guacara, San Mateo, Cagua, Güigüe, y otros muchos pueblos, aún en la infancia, deben su existencia al influjo del genio agrícola protector de los valles de Aragua; y las orillas del majestuoso Lago de Valencia, que señorea esta porción del país de Venezuela, se ven animadas por una agricultura que, renovándose todos los años, provee en gran parte a la subsistencia de la capital.

La lisonjera perspectiva que acabamos de presentar justificará siempre los primeros años de la Compañía de las justas objeciones que puedan oponerse contra los últimos que precedieron a su extinción. No solo se ven estrechadas en los primeros ensayos de esta sociedad mercantil los lazos con la metrópoli, sino facilitadas las relaciones de Venezuela con los demás puntos del continente americano. México, La Habana y Puerto Rico obtienen con más ventajas el cacao que se multiplica a impulsos de la exportación y el consumo que le procura la Compañía. Crece la población con los agentes, dependientes, empleados y trabajadores de Vizcaya y Canarias, nace la navegación y comercio de cabotaje, se mejora y propaga el cultivo de nuevas subsistencias, los americanos redoblan sus esfuerzos hacia un nuevo orden de prosperidad, multiplícanse las necesidades de todas las clases y se facilita la comunicación interior con los reinos y provincias limítrofes. Santa Fe recibe por el Meta los ganados de los inmensos y feraces llanos de Venezuela, y envía sus esmeraldas y las producciones de su naciente industria, muy propias para las necesidades de un país naciente. La Europa sabe por la primera vez que en Venezuela hay algo más que cacao, cuando ve llegar cargados los bajeles de la Compañía de tabaco, de añil, de cueros, de dividivi, de bálsamos y otras preciosas curiosidades que ofrecía este país a la industria, a los placeres y a la medicina del Antiguo Mundo. Tales fueron los efectos que harían siempre apreciable la institución de la Compañía de Guipúzcoa, si semejantes establecimientos pudieran ser útiles cuando las sociedades, pasando de la infancia, no necesitan de las andaderas con que aprendieron a dar los primeros pasos hacia su engrandecimiento. Venezuela tardó poco en conocer sus fuerzas y la primera aplicación que hizo de ellas fue procurar desembarazarse de los obstáculos que le impedían el libre uso de sus miembros.

Los justos clamores de los vecinos de Venezuela penetraron hasta los oídos del monarca a pesar del interés y las pasiones, y la Compañía se sujetó a unas modificaciones que apenas le dejaban la odiosa apariencia de su instituto; pero su preponderancia en el país burlaba todas las precauciones con que Carlos III quiso conciliar sus intereses, los de sus vasallos de Venezuela y los de su propio erario. La Compañía abusó en tal manera de todo, que fue necesario pensar en una verdadera y sólida reforma. El establecimiento de una Intendencia en Caracas fue el primer síntoma mortal de la Compañía, y la integridad y entereza del sujeto encargado de esta comisión ocasionó un movimiento que no pudo menos que hacer perder el nivel a este coloso mercantil. A pesar de esto pudo resistir algunos años a los repetidos choques con que procuraban bambolearlo las continuas reclamaciones de los agentes del fisco y de los vecinos de Venezuela, hasta que se desplomó al fin al último golpe con que uno de los más celosos e ilustrados ministros supo conciliar tan opuestos intereses.

El año de 1788 será siempre memorable en los fastos de la regeneración política de Venezuela, y su memoria permanecerá inseparable de la del monarca y el ministro que rompieron con una augusta munificencia las barreras que se oponían a sus adelantamientos. Cuando toda la América levantaba al cielo los brazos por los beneficios que en 1774 derramó sobre ella la libertad del comercio, se veía tristemente abrumado uno de los más preciosos dominios de la Monarquía española con todos los gravámenes de un estanco, contra la voluntad de un rey benéfico y la opinión de un ministro ilustrado sobre los verdaderos intereses de su nación; pero poco tardaron en llegar a sus oídos sin el velo de las pasiones las quejas de unos vasallos dignos de mejor suerte, y la provincia de Venezuela ocupó el lugar que la intriga le había quitado en el corazón del monarca, y de que la tenía privada injustamente el interés particular. A impulsos de tanta beneficencia se ensancharon milagrosamente los oprimidos resortes de su prosperidad y se empezaron a coger los frutos del árbol que sembró, a la verdad, la Compañía, pero que empezaba a marchitarse con su maléfica sombra. Todo varió de aspecto en Venezuela, y la favorable influencia de la libertad mercantil debió sentirse señaladamente en la agricultura. El nuevo sistema ofreció a los propietarios nuevos recursos para dar más ensanche a la industria rural con producciones desconocidas en este suelo. Hasta entonces estaban las islas francesas en posesión de suministrar exclusivamente el café a la Europa, pero apenas se presenta en sus mercados el de Caracas se le ve igualar en precio al de la Martinica, Santo Domingo y Guadalupe. La posteridad de Venezuela oirá siempre con placer y repetirá con gratitud, el nombre del Ilustrísimo prelado que supo señalar la época de su gobierno espiritual con tan precioso ramo de prosperidad política, y el respetable nombre de Mohedano recordará los de Blandaín y Sojo que, siguiendo ejemplo tan filantrópico, fomentaron uno de los principales artículos que hacen hoy parte muy esencial de la agricultura de Venezuela. Los ensayos de estos apreciables ciudadanos hubieran quizá esterilizádose si una circunstancia política no hubiera hecho llamar la atención sobre el precioso germen que empezaba a desarrollarse en las inmediaciones de Caracas. Los desastres de la colonia francesa de Santo Domingo privaron de repente al comercio de la Europa de la mayor y más estimable porción del café de las Antillas, e hicieron emigrar a la Costa Firme el gusto y los conocimientos sobre tan importante cultivo. El Valle de Chacao fue el plantel general que proveyó a los ansiosos esfuerzos con que los labradores de toda la provincia se dedicaron a este nuevo ramo de agricultura. Bien pronto se vieron desmontadas, cultivadas y cubiertas de café todas las montañas y colinas que conservaban hasta entonces los primitivos caracteres de la creación. La mano y la planta del hombre penetró y holló por la primera vez las inaccesibles alturas que circunvalan la capital de Venezuela, y así como los valles de Aragua se vieron cubiertos poco antes con el lozano verdor del añil aparecieron simétricamente coronadas de café las cimas y las laderas que habitaban los tigres y las serpientes. Los que hasta entonces no habían imaginado que pudiera haber otra propiedad útil que las de los valles o las orillas de los ríos, se vieron de repente con un terreno inmenso que cultivar con ventajas: redóblanse los esfuerzos de los labradores hacia tan precioso y rápido arbitrio de fortuna; la industria multiplica la prosperidad e inmediatamente se ven elevados a la clase de propietarios útiles los que no lo hubieran sido quizá sin la lisonjera perspectiva que presentaba a la provincia la introducción de este importante cultivo.

No solo la madre patria vio con placer fomentarse esta interesante porción de sus dominios, sino que hasta las naciones extranjeras gozaron legalmente de las ventajas de la libertad mercantil de Venezuela, sin que ella tuviese que sufrir los gravámenes del monopolio clandestino en que la tuvo la Holanda en los primeros tiempos de su establecimiento. Las benéficas combinaciones de un intendente que desplegó en Venezuela los conocimientos económicos que lo elevaron a primer ministro de la nación, hicieron que la provincia y las Antillas amigas gozasen las recíprocas ventajas de un comercio dictado por la beneficencia y organizado con todas las precauciones de la política. El residuo de los alimentos que ofrecía este suelo feraz a sus moradores, pasaba a alimentar las islas vecinas, y bajo las más sabias condiciones salían nuestros buques cargados de ganados, frutos y granos, para traer en retorno, instrumentos y brazos con que fomentar nuestra agricultura. Las nuevas relaciones propagan los conocimientos, atraen el numerario e introducen nuevos gérmenes de industria rural. La parte oriental de la provincia llama su atención hacia el cultivo del algodón que sale por Cumaná a aumentar el comercio de Venezuela con tan importante artículo; los ganados de los llanos fomentan con su extracción el puerto de Barcelona y Coro y la Guayana recibe nueva vida con el tabaco de Barinas, buscado con preferencia para el consumo y las manufacturas europeas. Hasta los acaecimientos políticos que privaron a la metrópoli de una de sus mejores posesiones en las Antillas contribuyeron a dar más extensión a la agricultura de Venezuela. Los valles de Güiria y Guinima, se vieron cultivados por los propietarios emigrados de la isla de la Trinidad y los que ahuyenta de la Margarita la escasez de lluvias que se experimenta continuamente, de suerte que la naturaleza, la política y el genio industrioso parece que se combinaron ventajosamente a favor de una feliz casualidad con la acertada elección de otro intendente que, reuniendo a sus talentos y conocimientos económicos el más exacto criterio de las circunstancias locales de este país, supo sacar todo el partido que prometían tan favorables combinaciones en favor de la provincia y dejar perpetuada su memoria con las acertadas providencias que dieron a esta distinguida porción de la España americana la consistencia que tiene actualmente y proporcionaron a tan digno ministro la opinión que lo ha conducido a uno de los primeros cargos de la suprema administración.

Tal ha sido el orden con que la política ha distinguido sus medidas en la conquista, población y regeneración del hermoso país que desde las inundadas llanuras del Orinoco hasta las despobladas orillas del Hacha, forma una de las más pingües e interesantes posesiones de la Monarquía española; y tales los sucesos con que sus habitantes, reunidos en una sola familia por los intereses de una patria, han correspondido a los desvelos con que el Gobierno ha procurado elevar a Venezuela al rango que la naturaleza le asigna en la América meridional. Tres siglos de una fidelidad inalterable en todos los sucesos bastarían sin duda para acreditar la recíproca correspondencia que iba a hacer inseparables a un hemisferio de otro; pero las circunstancias reservaban a Venezuela la satisfacción de ser uno de los primeros países del Nuevo Mundo donde se oyó jurar espontánea y unánimemente odio eterno al tirano que quiso romper tan estrechos vínculos, y dar la última y más relevante prueba de lo convencidos que se hallan sus habitantes de que su tranquilidad y felicidad están vinculadas en mantener las relaciones a que ha debido la América entera su conservación y engrandecimiento por tantos siglos. El día 15 de julio del año de 1808, cerrará el círculo de los timbres de Venezuela, cuando recuerde el acendrado patriotismo con que, para eterno oprobio de la perfidia, juró conservar a la corona de Castilla íntegra, fiel y tranquila esta preciosa porción de su patrimonio.

LIBROS A LA CARTA

A la carta es un servicio especializado para

empresas,

librerías,

bibliotecas,

editoriales

y centros de enseñanza;

y permite confeccionar libros que, por su formato y concepción, sirven a los propósitos más específicos de estas instituciones.

Las empresas nos encargan ediciones personalizadas para marketing editorial o para regalos institucionales. Y los interesados solicitan, a título personal, ediciones antiguas, o no disponibles en el mercado; y las acompañan con notas y comentarios críticos.

Las ediciones tienen como apoyo un libro de estilo con todo tipo de referencias sobre los criterios de tratamiento tipográfico aplicados a nuestros libros que puede ser consultado en www.linkgua-digital.com.

Linkgua edita por encargo diferentes versiones de una misma obra con distintos tratamientos ortotipográficos (actualizaciones de carácter divulgativo de un clásico, o versiones estrictamente fieles a la edición original de referencia). Este servicio de ediciones a la carta le permitirá, si usted se dedica a la enseñanza, tener una forma de hacer pública su interpretación de un texto y, sobre una versión digitalizada «base», usted podrá introducir interpretaciones del texto fuente. Es un tópico que los profesores denuncien en clase los desmanes de una edición, o vayan comentando errores de interpretación de un texto y esta es una solución útil a esa necesidad del mundo académico.

Asimismo publicamos de manera sistemática, en un mismo catálogo, tesis doctorales y actas de congresos académicos, que son distribuidas a través de nuestra Web.

El servicio de «libros a la carta» funciona de dos formas.

1. Tenemos un fondo de libros digitalizados que usted puede personalizar en tiradas de al menos cinco ejemplares. Estas personalizaciones pueden ser de todo tipo: añadir notas de clase para uso de un grupo de estudiantes, introducir logos corporativos para uso con fines de marketing empresarial, etc. etc.

2. Buscamos libros descatalogados de otras editoriales y los reeditamos en tiradas cortas a petición de un cliente.

Made in the USA
Middletown, DE
20 February 2017